Anna Gavalda

35 KILOS D'ESPOIR

Rédactrice : Fabienne Baujault
Illustrations : Birgitte Frier Stewart

Les structures et le vocabulaire de ce livre sont fondés sur une comparaison des ouvrages suivants :

Monika Beutter
Études Françaises
Découvertes, série verte 1-2-3-4
Ernst Klett Verlag

Margareta Brandelius, Ingvor Sundell
Bearbejdet af Leon Aktor
Formidable 1-2-3
Alinea

C'est à toi / Level one :
Karla Winther Fawbush, Toni Theisen,
Dianne B. Hopen, Sarah Vaillancourt.
Contributing writer : Linda Klohs

C'est à toi / Level two :
Karla Winther Fawbush, Toni Theisen,
Dianne B. Hopen, Diane Moen.
Contributing writer : Sarah Vaillancourt

C'est à toi / Level three :
Augusta DeSimone Clark, Richard Ladd,
Sarah Vaillancourt, Diane Moen
EMC / Paradigm, Saint Paul, Minnesota

Maquette : Mette Plesner
iStockphoto/IPGGutenbergUKLtd RF

Rédactrices de série :
Ulla Malmmose et Charlotte Bistrup

© Bayard Editions Jeunesse, 2002
© 2011 par EASY READERS, Copenhagen
- a subsidiary of Lindhardt og Ringhof Forlag A/S,
an Egmont company.
ISBN Danemark 978-87-23-90823-0
www.easyreaders.eu

The CEFR levels stated on the back of the book
are approximate levels.

Easy Readers
EGMONT

Imprimé au Danemark

L'auteur

Anna Gavalda est née en 1970 à Boulogne-Billancourt. Aujourd'hui, elle vit dans la banlieue-sud de Paris. Elle a trois frères et sœurs qui sont ses meilleurs amis. Elle a fait plein de petits boulots. Elle a toujours aimé écrire. Ses livres sont des best-sellers et sont traduits dans une trentaine de langues. Elle adore raconter des histoires à tout le monde. Quand elle n'écrit pas, elle s'occupe de ses deux enfants.

Chapitre 1

Je n'aime pas l'école.
Je la déteste.
Jusqu'à l'âge de trois ans, j'ai été heureux. Je jouais, je regardais ma *cassette* de « Petit Ours Brun » dix fois de suite, je dessinais et j'*inventais* des histoires à Grodoudou, mon *chien en peluche* que j'adorais. Ma mère m'a raconté que je restais des heures dans ma chambre à parler tout seul. J'étais vraiment heureux.

J'aimais tout le monde, et je croyais que tout le monde s'aimait. Et puis, quand j'ai eu trois ans et cinq mois, *patatras* ! l'école.

Ma mère m'a dit que le matin, j'y suis allé très content. Je suis sûr que mes parents m'avaient répété pendant les vacances : « Tu as de la chance mon chéri, tu vas aller à la grande école. » « Regarde ce beau cartable tout *neuf* ! C'est pour aller dans ta belle école ! »

Elle m'a dit que je n'ai pas pleuré. (Je pense que j'avais envie de voir ce qu'ils avaient comme

---

une cassette voir ill. p. 7
inventer raconter une histoire avec son imagination
un chien en peluche voir ill. p. 7
patatras le bruit de quelque chose qui tombe
neuf (-ve) tout nouveau

jouets et comme Légo...) Elle m'a dit aussi que je suis rentré tout content à l'heure du déjeuner, que j'ai bien mangé et que je suis retourné dans ma chambre pour raconter ma *matinée* géniale à Grodoudou.

Après ces minutes de *bonheur,* ma vie a complètement changé.
 - On y retourne, a dit ma mère.
 - Où ça ?
 - Et bien... À l'école !
 - Non.
 - Non quoi ?
 - Je n'irai plus.
 - Ah bon... Et pourquoi ?
 - Parce que j'ai vu comment c'était, et ça ne m'intéresse pas. J'ai plein de choses à faire dans ma chambre. J'ai dit à Grodoudou que j'allais lui construire une machine spéciale pour l'aider à retrouver ses *os* sous mon lit, alors je n'ai plus le temps d'aller à l'école.
 - Mais Grégoire, l'école c'est bien.
J'ai fait non de la tête.
 - Grégoire, tu dois aller à l'école.
 - Non.

---

des jouets (mpl) voir ill. p. 7
une matinée le temps entre le matin et midi
le bonheur quand on est très heureux
un os les chiens adorent les manger

J'ai commencé à pleurer. Elle m'a regardé et j'ai crié. Et elle m'a donné une *claque*.

C'était la première de ma vie.
   Voilà.
5   C'était ça, l'école.
   C'était le début du *cauchemar*.

une claque

Mes parents ont raconté cette histoire à leurs amis, aux *maîtresses*, aux *profs* et aux psychologues. Et à chaque fois que je l'entends, je me
10 dis que je n'ai jamais construit de machine à Groudoudou.

Maintenant, j'ai treize ans et je suis en *sixième*. Oui, je sais, il y a quelque chose qui ne va pas. Je vous explique. J'ai *redoublé* deux fois : le
15 *CE2* et la sixième.

L'école, c'est toujours le problème à la maison. Ma mère pleure et mon père m'*engueule*, ou alors c'est le contraire, c'est ma mère qui m'engueule et mon père qui ne dit rien. Moi,

---

un cauchemar un mauvais rêve
une maîtresse elle fait l'école dans les petites classes
les profs (mpl, fam) les professeurs
redoubler un élève redouble quand il va deux années dans la même classe
le CE2 et la sixième voir « le système scolaire français », p. 45
engueuler (fam) être fâché contre quelqu'un et parler fort

je suis *malheureux* de les voir comme ça, mais qu'est-ce que je peux faire ? Qu'est-ce que je peux dire ? Rien.

 Si je parle, ils disent :
« Travaille ! »
« Travaille ! » « Travaille ! » « Travaille ! »
« Travaille ! »

D'accord, j'ai compris. Je ne suis pas *idiot*. Moi, je voudrais bien travailler. Le problème, c'est que je ne peux pas. Je ne comprends rien. Tout ce qui se passe à l'école, ça rentre par une oreille et ressort par l'autre.

Ma mère m'a emmené voir des spécialistes pour les yeux, les oreilles et le *cerveau*. Ils ont tous dit que j'avais un problème de concentration. Moi je sais très bien ce que j'ai. Je n'ai pas de problème. Ça ne m'intéresse pas. C'est tout.

J'ai été heureux une année à l'école, c'était en *grande section de maternelle* avec une maîtresse qui s'appelait Marie. Elle, je ne l'oublierai jamais. Je l'ai tout de suite aimée. Elle portait des

---

malheureux (-se) très triste
idiot (-e) très bête
le cerveau il est dans la tête
la grande section de maternelle voir « le système scolaire français », p. 45

vêtements qu'elle avait fait elle-même. Avec elle, on *fabriquait* toujours plein de choses : un chat avec une bouteille de lait, une souris dans *une coquille de noix*, des dessins, des peintures... Elle disait qu'une journée réussie était une journée où on avait produit quelque chose. Moi, j'adore travailler avec mes mains, alors ça a été une année super !

Elle était très gentille avec moi. Elle savait que c'était difficile pour moi d'écrire mon nom. Le dernier jour d'école, je suis allé lui dire au revoir. J'avais un cadeau pour elle : un super *pot à crayons avec des tiroirs et un endroit pour la gomme*. J'avais passé des heures à le faire et à le *décorer*. Marie était très contente. Elle m'a dit :
— Merci. Moi aussi, j'ai un cadeau pour toi, Grégoire...
C'était un gros livre.
— L'année prochaine, tu seras chez les grands,

une coquille de noix

un pot à les crayons avec des tiroirs et un endroit pour la gomme

fabriquer faire un objet, par ex. en papier ou en tissu.
décorer par ex. sa chambre avec des photos et des posters

dans la classe de Mme Daret. Il faudra bien travailler... Tu sais pourquoi ?

J'ai dit non de la tête.

- Pour lire ce gros livre.

Le soir, j'ai demandé à ma mère de lire le titre :

- 1000 activités pour les petites mains.

J'ai détesté Mme Daret. Mais j'ai appris à lire parce que je voulais fabriquer l'*hippopotame* en *boîte d'œufs* de la page 124.

Sur mon *bulletin* de fin de maternelle, Marie avait écrit : « Ce garçon est très *doué* de ses mains et il a un grand cœur. Il a de *l'avenir*. » C'était la première et dernière fois qu'on écrivait des choses gentilles sur moi dans mon bulletin.

un hippopotame

une boîte d'œufs

un bulletin un cahier avec des informations et les notes de chaque élève
doué (-e) qui travaille bien
l'avenir toutes les années devant toi

Chapitre 2

Je connais plein de gens qui n'aiment pas l'école. Vous, par exemple, si je vous demande : « Tu aimes l'école ? », je suis sûr que vous allez dire non. C'est seulement les super *fayots* et les élèves
5 qui sont très bons qui disent oui. Et qui déteste ça ? Tous les élèves qui sont comme moi, qu'on appelle des *cancres* et qui ont tout le temps mal au ventre.

Moi, mon mal au ventre commence une heure
10 avant que mon réveil sonne. J'ouvre les yeux et j'ai mal. Au petit déjeuner, je ne peux rien manger. Dans le bus, mon mal de ventre se transforme en une *boule* très dure. Et quand j'arrive à l'école, la boule devient très grosse. C'est *l'odeur* de l'école
15 qui me rend malade. Cette odeur de *craie* et de vieilles chaussures mélangées, je la déteste.

La boule disparaît à quatre heures quand j'arrive dans ma chambre. Elle revient le soir quand mes parents rentrent à la maison. Ils regardent mon

---

un fayot un élève qui sourit beaucoup aux profs et est très gentil avec eux
un cancre un très mauvais élève
une boule par ex. une boule de neige
odeur en général, les fleurs ont une bonne odeur
une craie le professeur s'en sert pour écrire au tableau

carnet de correspondances et mes mauvaises *notes*. Et voilà une nouvelle crise ! C'est pénible ! Ils ne s'aiment plus beaucoup et ils s'engueulent tous les soirs.

J'en ai *marre* !

Dans ces moments-là, je ferme la porte de ma chambre et construis des machines avec mes Légo System ou avec mon Meccano. Après, c'est *les devoirs*. Si c'est ma mère qui m'aide, elle finit toujours par pleurer. Si c'est mon père, c'est toujours moi qui finis par pleurer.

Vous pensez peut-être que mes parents sont *nuls*. Mais non, ils sont super mes parents, enfin super... Ils sont normaux, quoi. Le problème, c'est l'école.

C'est pour ça que je n'ai pas écrit tous mes devoirs sur mon *agenda* l'an dernier. Pour ne pas avoir toutes ces crises !

Un jour, la directrice de l'école m'a *renvoyé*.

> *un carnet de correspondance* un petit cahier pour les professeurs et les parents
> *une note* 20/20 c'est une très bonne note
> *marre (fam)* quand tu es vraiment très fatigué de quelque chose, tu en as marre
> *les devoirs (mpl)* le travail de l'école à faire à la maison
> *nul (-le)* qui est très mauvais, qui n'est pas bien
> *un agenda* un cahier pour écrire les devoirs
> *renvoyé (-e)* quand un élève n'est plus accepté dans une école

Pas à cause des devoirs. Elle m'a renvoyé à cause du sport. Je déteste le sport. Je ne suis pas très grand, pas très gros et pas très fort. Quand je me regarde fièrement dans la glace, les mains sur
5 les *hanches*, on dirait *un ver de terre* qui fait du body-building.

Ça a commencé comme ça au début du cours *d'E.P.S.* Notre prof, Mme Berluron a *fait l'appel* :
- Dubosc Grégoire.
10 - Oui.
Les autres élèves ont commencé à rire. C'était à cause de mes vêtements. J'avais oublié mes affaires de sport et j'avais *emprunté* les vêtements du frère de Benjamin, un garçon de ma classe,
15 pour ne pas être *collé*. (J'ai été plus collé en un an que vous ne serez jamais de toute votre vie !) Ce que je ne savais pas, c'est que le frère de Benjamin mesurait un mètre quatre-vingt-dix...

Je portais donc *un survêtement* XXL et des
20 *tennis* taille 45.

un ver de terre

une hanche

l'E.P.S (f) l'éducation physique et sportive
faire l'appel dire le nom des élèves au début d'un cours
emprunter tu empruntes des livres à la bibliothèque
coller quand un prof demande à un élève de rester en classe après l'école

- Qu'est-ce que c'est que ces vêtements ? a demandé Mme Berluron.
- Ben, je comprends pas...
- Vous allez faire deux *roulades*.

Catastrophe ! Je ne savais pas faire les roulades. J'ai essayé de faire une première roulade et j'ai perdu une tennis. Tous les élèves ont *ri*. J'ai essayé d'en faire une deuxième et j'ai perdu l'autre tennis et on voyait mon *slip*. Madame Berluron était toute rouge et les élèves étaient *morts de rire*. À partir de ce jour-là, j'ai décidé d'être le *clown* du cours de gym. Mme Berluron n'aimait pas du tout ça et elle me collait très souvent. Elle m'a collé si souvent qu'il n'y avait plus de pages dans mon cahier de correspondances.

Et un jour, j'ai été renvoyé. Mais je ne regrette rien. J'ai bien ri. J'ai fait plein de bêtises en EPS. Je me souviens qu'un jour, Karine Lelièvre de ma classe a fait *pipi* dans sa culotte.

un clown

rire tu ris quand tu entends une histoire drôle
mort de rire quand quelque chose est très drôle
pipi (fam) normalement, tu fais pipi aux toilettes

Quand mes parents ont appris la nouvelle, nouvelle crise ! Je suis monté dans ma chambre et je me suis dit : « Tu pleures ou tu construis. » Ce soir-là, j'ai construit un *monstre* que j'ai appelé la « Berlue-*Poilue* ». Ce n'était pas gentil, mais ça m'a calmé. Et je n'ai pas pleuré.

Chapitre 3

La seule personne qui me *console*, c'est mon grand-père Léon. Quand je vais chez mes grands-parents, il me dit :
  - Toto, on va dans le Léonland ?
  Toto, c'est mon surnom et le Léonland, c'est son *cagibi*. Et moi, j'adore le cagibi de mon grand-Léon.

Mon grand-Léon est très *bricoleur*, comme moi. Mais lui, il est aussi très intelligent. Ce n'est pas comme moi. En classe, il était le premier en tout : en maths, en français, en latin, en anglais, en histoire, en tout ! À dix-sept ans, il a fait des études

---

un monstre un animal ou une personne très grand(e) et qui fait peur
poilu (-e) qui a des poils sur le corps, par ex. un chat et un chien
consoler une maman console son bébé qui pleure
un cagibi voir ill. p. 19
bricoleur (-se) qui fait beaucoup de choses avec ses mains

à l'École Polytechnique, qui est la plus difficile de France. Et ensuite, il a construit des *ponts*, des *tunnels*, etc. Il est très fort, mon grand-Léon.

Le cagibi de mon grand-père est une petite
5 maison en *bois* dans le jardin. On a très froid l'hiver et très chaud l'été, mais c'est l'endroit où je suis le plus heureux au monde. Je viens souvent dans le cagibi pour voir mon grand-père au travail ou juste pour parler. En ce moment, il
10 construit *un meuble* pour un restaurant.
    Tout à l'heure, j'ai dit que je n'aimais pas l'odeur de l'école. Ici, c'est le contraire. J'adore l'odeur du bois, du *tabac*, etc. Un jour, je voudrais faire un parfum « Eau de Cagibi » pour le
15 *respirer* quand je serai triste.

Quand j'ai redoublé mon CE2, mon grand-Léon m'a raconté l'histoire du *lièvre* et de la *tortue*.
  - Tu vois, mon grand, c'est la tortue qui a gagné. Et tu sais pourquoi ?

un pont

un tunnel

le lièvre et la tortue

un meuble par ex. une table ou une chaise
le tabac il y a du tabac dans les cigarettes
respirer prendre de l'air par la bouche ou par le nez

J'ai dit non de la tête.

- Elle a gagné parce qu'elle était très *courageuse*. Et toi aussi, Grégoire, tu es très courageux. Je t'ai vu travailler pendant des heures dans le froid. Pour moi, tu es comme elle.

Quand j'ai redoublé ma sixième, il a réagi d'une autre façon. Je suis arrivé chez eux comme tous les mercredis, mais il ne m'a pas dit bonjour. Nous avons mangé en silence et après le café, j'ai dit :
- Grand-Léon ?
- Quoi ?
- On va au cagibi ?
- Non.
- Pourquoi non ?
- Parce que ta mère m'a annoncé la mauvaise nouvelle...
- ...
- Je ne te comprends pas ! Tu détestes l'école et tu fais tout pour y rester le plus longtemps possible...

Je n'ai rien dit.
- Tu n'es pas bête quand même !
- Si.
- Oh ça m'*énerve*, ça ! C'est plus facile de dire qu'on est nul et de ne rien faire !

courageux (-se) par ex. qui fait quelque chose de dangereux
énerver irriter

Je n'ai pas répondu.
- Non, vraiment, je ne te comprends pas. D'abord, tu es renvoyé et ensuite tu redoubles. Bravo ! Moi, je n'aime pas les *feignants* qui sont renvoyés pour *indiscipline* ! Et je vais te dire quelque chose, mon ami : c'est plus facile d'être malheureux qu'heureux. Et moi, je n'aime pas les gens qui choisissent ce qui est le plus facile.

Puis il a *toussé*. Je suis allé seul dans le cagibi. Il faisait froid. Je suis resté là un moment. Avec un couteau, j'ai *gravé* quelque chose sur l'*établi* de mon grand-père et je suis rentré chez moi sans dire au revoir.

il tousse

Chapitre 4

À la maison, la crise a été longue. Aucun *collège* ne voulait me prendre en septembre. Mes parents *se disputaient* beaucoup.

---

feignant (-e) qui ne veut rien faire
l'indiscipline (f) quand un élève ne fait pas ce que le professeur lui dit de faire
graver écrire quelque chose sur du bois ou une pierre avec un couteau
un établi voir ill. p. 19
le collège voir « le système scolaire français », p. 45
se disputer quand deux personnes se disputent, il y a un conflit entre elles

J'ai été renvoyé le 11 juin. Au début, je suis resté à la maison. Le matin, je regardais la télé et l'après-midi, je *relisais* des vieilles bédés. Mais un jour, j'en ai eu marre. J'avais envie de fabri-
5 quer quelque chose avec mes mains. Alors, j'ai *réparé la table à repasser* et la *tondeuse à gazon*.

Après trois jours de travail, mes parents étaient contents. Ma mère a fait des *croque-madame*, c'est mon plat préféré et mon père n'a pas allu-
10 mé la télé. Il a dit :

- Merci Grégoire! Tu vois, ce n'est pas facile avec toi, mais tu es très doué quand même... Mais alors, qu'est-ce qu'on peut faire pour t'aider ? Tu n'aimes pas l'école. Mais l'école est *obligatoire*
15 jusqu'à seize ans, tu le sais, ça ?

J'ai fait oui de la tête et j'ai dit :

- Je vais attendre d'avoir seize ans. Et après, je vais fabriquer des choses et je vais les vendre. Je n'ai pas besoin de beaucoup d'argent.

20 - Mais tu as besoin d'argent pour acheter du

une table à repasser

une tondeuse à gazon

un croque-madame

relire lire une deuxième fois
réparer on répare quelque chose de cassé
obligatoire c'est obligatoire de s'arrêter au feu rouge

matériel, *des outils*, une voiture... Grégoire, ce qui est important maintenant, ce sont tes études.

J'ai fait la *grimace*.

Après les réparations à la maison, j'ai aidé nos voisins dans leur jardin. À la fin, j'avais les doigts tout verts comme les mains de Hulk. Nos voisins s'appellent M. et Mme Martineau. Ils ont un fils Charles qui a un an de plus que moi. Mais je ne parle pas beaucoup avec lui. Il est toujours devant son ordinateur ou la télé.

Ma mère cherchait une nouvelle école pour moi. Tous les jours, nous recevions des *prospectus* dans la boîte aux lettres. Il y avait des photos avec des élèves qui souriaient. Ils étaient payés ou quoi ? Il y avait une école que j'aimais. Sur les photos, les élèves n'étaient pas dans des classes. Ils travaillaient dans une *serre* ou à coté d'un établi.

Un jour, M. Martineau m'a proposé un petit travail dans sa maison : refaire la *tapisserie* contre

une grimace

des outils voir ill. p. 19
un prospectus une feuille avec des informations et des photos
une serre une petite maison en verre pour cultiver des fruits et des légumes en hiver
la tapisserie le papier sur les murs dans la maison

un *salaire*. J'ai accepté. Grand-Léon nous a aidés aussi. Il faisait très chaud et nous avons travaillé très dur. J'ai bu de la bière pour la première fois de ma vie et j'ai détesté ça. M. Martineau disait
5 souvent : « merdus, merda merdum merdorum merdi merdis » (c'est du latin).

Mes parents m'ont inscrit au collège Jean Moulin, à côté de chez nous. C'était le seul collège qui m'acceptait. Je suis allé me faire photogra-
10 phier : quelle photo ! Un mec de treize ans en sixième avec les mains de Hulk et la tête de Frankenstein... !

Le mois de juillet a passé très vite. J'ai appris plein de choses avec M. Martineau et grand-
15 Léon. Un mois de bonheur. Mais j'étais un peu *inquiet*. Grand-Léon toussait beaucoup. Je voulais qu'il s'arrête de fumer. Il était la personne que j'aimais le plus au monde et il n'avait pas le droit de *mourir*.

20 Le dernier jour, M. Martineau nous a invités mon grand-père et moi dans un très bon restaurant. Ils ont fumé deux gros cigares. Je n'ai rien dit.

un salaire l'argent qu'on reçoit quand on un travail
inquiet (-iète) les parents sont souvent inquiets pour leurs enfants
mourir par ex. d'une maladie ou dans un accident

Puis M. Martineau m'a donné une *enveloppe*.
- Tiens Grégoire. Et merci de ton aide.
Deux cents euros ! J'étais super content. Qu'est-ce que j'allais bien acheter avec ? Des bédés ? Des outils ? Un blouson ?

une enveloppe

Chapitre 5

Et voilà le mois d'août. Comme tous les ans, mes parents avaient loué un appartement en Bretagne. Et comme tous les ans, j'ai dû faire des devoirs de vacances.

Je pensais à ma vie. Je trouvais qu'elle était nulle. Être ou n'être pas, c'est important ? (Comme vous pouvez voir, je suis nul en maths, mais je suis bon en philosophie !)

L'après-midi, j'allais à la plage avec ma mère ou avec mon père, mais jamais avec les deux en même temps. Il y avait des problèmes entre eux. Nous étions une famille toujours de mauvaise *humeur*. Nous mangions en silence sans

| *l'humeur (f)* on n'est pas content quand on est de mauvaise humeur

rires et sans *blagues*. J'ai trouvé ce mois long et *ennuyeux*.

Fin des vacances. Mon mal de ventre est revenu. J'allais au collège Jean Moulin. Je n'étais
⁵ pas le plus vieux de ma classe et je n'étais pas le plus nul non plus. Je regardais autour de moi. J'avais l'impression d'être dans un *zoo* avec deux milles élèves. Je ne faisais rien.

À la mi-octobre, ma mère s'est énervée. Elle
¹⁰ trouvait que je parlais de plus en plus mal et je n'avais jamais de devoirs ni de notes. Après une grosse crise à la maison, mes parents ont décidé de m'envoyer en *pension*. Super.

Le lendemain, c'était mercredi. Je suis allé chez
¹⁵ mes grands-parents. À table, l'ambiance était triste. Après le café, grand-Léon et moi sommes allés dans le cagibi. Il a pris une cigarette mais ne l'a pas allumée. Il a dit :
 - J'arrête.
²⁰ J'ai souri.
 - Grégoire ?
 - Oui.

une blague une petite histoire drôle
ennuyeux (-se) qui n'est pas drôle
un zoo un parc avec des animaux
une pension une école où les élèves mangent et dorment

- Alors, tu vas aller en pension ?
- ...
- Tu ne veux pas ?
- ...
Je ne disais rien. Je ne voulais pas pleurer.
- Écoute-moi. Je sais que tu détestes l'école et je sais qu'il y a des problèmes chez toi.
J'ai fait oui de la tête.

- Grégoire, la pension, c'est mon idée... Ne me regarde pas comme ça. Je pense que ce serait bien pour toi de partir un peu et de voir autre chose. Tu es leur *fils unique*, ils n'ont que toi, et ils ne voient que par toi. Non, ne pleure pas.
- Je ne pleure pas. C'est juste de l'eau...
- Oh, mon grand... Allez, c'est fini. Viens, il faut finir ce meuble pour Joseph.
Puis il a dit d'un air très sérieux :
- Je voudrais te dire une dernière chose. C'est très important. Voilà... Si tes parents se disputent, ce n'est pas à cause de toi, c'est à cause d'eux. Tu comprends ?
Je n'ai pas répondu et suis retourné travailler sur le meuble de Joseph.

un fils unique qui n'a pas de frères et sœurs

Chapitre 6

Quand je suis rentré chez moi, mes parents lisaient des prospectus. J'ai dit :
- « B´soir ».

Mon père a dit :
- Grégoire, viens par là. Comme tu sais, ta mère et moi avons décidé de t'envoyer en pension...

Je pensais : « Enfin, ils sont d'accord sur quelque chose ! Dommage, c'est quelque chose de nul... »

- Tu penses certainement que la pension, c'est une mauvaise idée, mais c'est ainsi. Tu ne fais rien à l'école, tu as été renvoyé et le collège du quartier n'est pas bon. Mais ce que tu ne sais peut-être pas, c'est que c'est cher et ce n'est pas facile de...

- C'est là que je veux aller, ai-je dit.
- Où, « là » ?
- Là.

Je lui ai donné le petit prospectus où l'on voyait des élèves qui travaillaient derrière un établi.

- Où est-ce ? À trente kilomètres au nord de Valence... Le *lycée* technique de Grandchamps... Mais ce n'est pas un collège...
- Si. Il y a aussi un collège.

un lycée voir « le système scolaire français », p. 45

\- Comment le sais-tu ? a demandé mon père.
\- J'ai téléphoné.
\- Toi !?
\- Ben oui, moi.
5 - Quand ?
\- Avant les vacances.
\- Toi ?! Tu as téléphoné ! Mais pourquoi ?
\- Comme ça... pour savoir.
\- Et alors ?
10 - Alors rien. C'est impossible.
\- Pourquoi c'est impossible ?
\- Parce qu'ils prennent les élèves sur *dossier*, et il est nul, mon dossier !

Mes parents ne disaient rien et regardaient le
15 prospectus de Grandchamps.

J'ai continué d'aller au collège Jean Moulin, mais je ne faisais plus rien. Je n'avais plus d'idées. Je regardais la télé tout le temps. Je ne *bricolais* plus. Je n'avais plus envie d'aller chez mes grands-pa-
20 rents. Ils étaient gentils mais ils ne comprenaient rien. Ils étaient trop vieux.

Un jour, je regardais la télé quand le téléphone a sonné. C'était grand-Léon.

---

un dossier un document avec les notes d'un élève
bricoler faire des petites réparations avec ses mains

- Alors, Toto, tu m'as oublié ?

- Euh... Je n'ai pas très envie de venir aujourd'hui...

- Et le meuble de Joseph ? Tu ne viens pas m'aider à le *livrer* ?

Oups ! J'avais complètement oublié.

- J'arrive. Excuse-moi !

- Pas de problème. Toto.

Pour nous remercier, Joseph nous a invités au restaurant. J'ai mangé un gros steak.

- Et toi grand-Léon ? Tu ne manges rien ?

- Oh... Je n'ai pas très faim. J'ai trop mangé ce matin.

Je savais que ce n'était pas vrai.

J'ai parlé un peu de l'école de Grandchamps et grand-Léon a eu une idée. Après le restaurant, il m'a répété :

- Bon, alors tu écris une lettre comme on a dit, hein ?

- Oui, oui.

- Ce n'est pas grave si tu fais des fautes, O.K. ?

- Oui, oui...

livrer apporter à la maison

J'ai fait comme grand-Léon m'avait dit. J'ai écrit à l'école. Voici ma lettre :

« Monsieur le directeur de l'école de Grandchamps, Je voudrais aller dans votre école, mais je sais que c'est impossible parce que mon dossier est très mauvais.

J'ai vu sur les prospectus de votre école que vous aviez des établis et une serre.

Je voudrais venir à Grandchamps parce que c'est là que je serais le plus heureux, je pense. Je ne suis pas très gros, je pèse 35 kilos d'espoir.

Au revoir,
Grégoire Dubosc

P.S n°1 : C'est la première fois que je demande d'aller dans une école.

P.S n°2 : Je vous envoie les **plans** d'une machine à **éplucher** les bananes que j'ai faite quand j'avais sept ans. »

J'ai relu ma lettre, je l'ai trouvée un peu nulle, mais j'avais promis à grand-Léon. Je l'ai postée et quand je suis rentré, j'ai relu le prospectus. Et là, j'ai vu que le directeur était une directrice. Quel âne ! ai-je pensé...

un âne

un plan un dessin
éplucher on épluche une orange avant de la manger

35 kilos de bêtise, oui...

Après, c'était les vacances de la Toussaint. Je suis allé à Orléans, chez Fanny, la sœur de ma mère. J'ai joué sur l'ordinateur de mon oncle et aux Légos avec mon petit cousin. Je n'ai pas du tout pensé à l'école. C'était génial !

Après ces quatre jours en famille, ma mère est venue me chercher à la gare d'Austerlitz. Elle m'a dit :
- J'ai deux nouvelles, une bonne et une mauvaise. Je commence par laquelle ?
- La bonne.
- La directrice de Grandchamps a téléphoné hier. Elle veut bien te prendre. Mais tu dois passer un test.
- Pfff... C'est ça ta bonne nouvelle... Un test ! Et la mauvaise, c'est quoi ?
- Ton grand-père est à l'hôpital.
- C'est grave ?
- On ne sait pas. Il est très faible.
- Je veux le voir.
- Non. Pas maintenant.
Ma mère pleurait.

Chapitre 7

J'étais dans le T.G.V. pour Grandchamps. J'avais emporté mon livre de grammaire, mais je ne l'ai pas ouvert. Je pensais à grand-Léon et je me disais tout bas : « grand-Léon, ne meurs pas. Reste là. J'ai besoin de toi ».

À Valence, un monsieur est venu me chercher. C'était le *jardinier* de Grandchamps. J'aimais bien être dans sa voiture. Il y avait une odeur de *gazole* et de *feuilles* mortes.

Le soir, j'ai dîné au *réfectoire* avec les autres élèves. Ils ont été sympas avec moi.
- Pourquoi tu es là ? a demandé un garçon.
- Parce qu'aucune école ne veut de moi.
Ils ont ri fort.
- Aucune ?
- Non. Aucune.
- Bienvenue au club, mec !
Après, j'ai parlé du test que je devais passer le lendemain.
- Bon, ben au lit ! Tu dois être en forme demain.

un jardinier une personne qui travaille dans un jardin
le gazole une voiture ne peut pas rouler sans gazole
une feuille elle pousse dans les arbres
le réfectoire la cantine

La nuit, j'ai mal dormi. J'ai rêvé de grand-Léon. Au petit déjeuner, je n'ai rien pu mangé. J'avais très mal au ventre. Puis je suis allé dans une petite salle de classe et une dame m'a donné un grand cahier d'exercices. J'étais très nerveux. C'était écrit : « Retrouvez et corrigez les *erreurs* de ce texte. » C'était terrible, je ne trouvais pas d'erreurs !

J'étais vraiment le plus nul des nuls. Il y avait pleins de fautes, mais je ne les voyais pas. J'avais envie de pleurer, mais je ne voulais pas. JE NE VOULAIS PAS !

Mais une grosse *larme* est tombée sur mon cahier. Je pensais à Grodoudou, Marie, toutes ces années d'école où j'étais toujours le dernier, mes parents qui ne s'aimaient plus, tous ces jours tristes à la maison et mon grand-Léon à l'hôpital. Soudain, j'ai entendu *une voix* : « Allons, Toto, qu'est-ce que tu fais ? »

J'entendais des voix ! J'ai regardé dans la pièce pour voir s'il y avait des *caméras*. Rien.

« Grand-Léon, c'est toi ? »

« Oui, c'est moi ! »

« Mais... comment c'est possible ? »

---

une erreur une faute
une larme voir ill. p. 37
une voix un chanteur qui chante bien a une belle voix
une caméra tu en as besoin pour filmer

« Quoi ? »

« Ben... tu es là, tu me parles comme ça ? »

« Toto, j'ai toujours été là, et tu le sais très bien. Bon allez, concentre-toi un peu. Prends ton stylo et *souligne* tous les verbes conjugués. Maintenant, trouve leurs sujets... Voilà... C'est bien. Là regarde, le sujet c'est quoi ? Oui, c'est « tu », donc un « s » au verbe, c'est bien. Continue ».

J'étais super concentré.

« Voilà, Toto. Maintenant, c'est la *rédaction*. Attention à *l'orthographe*. »

J'ai relu ma rédaction cinquante-sept fois. Puis j'ai donné mon cahier à la dame et j'ai dit tout bas :

- Grand-Léon, tu es là ?

Pas de réponse.

J'ai essayé encore dans le train. Toujours pas de réponse.

À la gare, mes parents avaient l'air très triste.

- Il est mort ? j'ai demandé.

- Non, dit ma mère. Il est dans le *coma*.

---

souligner le verbe <u>parler</u> est souligné
une rédaction un texte qu'on écrit sur par ex. « un souvenir de vacances »
l'orthographe l'orthographe du mot cagibi est c-a-g-i-b-i
le coma à l'hôpital, un patient qui dort mais ne se réveille pas

- Depuis quand ?
- Depuis ce matin.
- Il va se réveiller ?
- On ne sait pas.

5 Je suis allé chez ma grand-mère. Elle pleurait. Elle m'a dit :

- Va dans le cagibi. Va travailler un peu, Grégoire. Parle aux choses, dis-leur qu'il va bientôt revenir.

10 Je suis entré dans le cagibi et j'ai commencé à pleurer. J'ai pleuré toutes les larmes que j'avais en moi. Et là, j'ai revu l'*inscription* « AIDE-MOI » que j'avais gravée sur l'établi.

Chapitre 8

J'ai été accepté à Grandchamps mais je n'étais
15 ni content ni triste. J'étais juste content de partir. J'ai fait mon sac et j'ai dit à ma mère de mettre l'argent de M. Martineau à la banque. Je n'avais plus envie de le *dépenser*.

Mon père m'a conduit à ma nouvelle école. J'ai
20 dit :

> *une inscription* quelque chose d'écrit
> *dépenser* on dépense de l'argent quand on achète quelque chose

- Tu m'appelles quand tu as des nouvelles, hein ?

Il a fait oui de la tête.
- Grégoire ?
- Oui.
- Tu sais, je pense que tu es un garçon super... un garçon vraiment super.

J'étais le dernier en classe mais les profs m'aimaient bien. Un jour, Mme Vernoux, la prof de français nous a rendu une rédaction. J'avais eu 6 sur 20.
- J'espère que tu as de meilleurs résultats avec ta machine à éplucher les bananes, a-t-elle dit et a fait petit sourire.

Je crois que les profs m'aimaient bien à cause de ma lettre. Tout le monde savait que j'étais nul mais que j'étais courageux. Mais en dessin et en *E.M.T*, j'étais le premier de la classe. En sport, par contre, c'était la catastrophe ! Je ne savais rien faire : ni courir, ni sauter. Zéro. Mes camarades disaient :
- Alors Dubosc, quand est-ce que tu fais une machine à faire des muscles ?

Ils riaient tous et moi, je riais avec eux.

| *l'E.M.T. (f)* l'éducation manuelle et technique

Ma mère téléphonait toutes les semaines. Je lui demandais des nouvelles de mon grand-père. Je parlais un peu de l'école et disais vite au revoir. J'étais bien mais je n'étais pas heureux. Je pensais
5 beaucoup à mon Léon et je ne pouvais rien faire pour l'aider. Lui, il m'avait aidé, mais moi, rien.

Un jour, la situation a changé. C'était au cours d'E.P.S. Au programme : *la corde à nœuds*. Je déteste ça ! J'ai regardé la corde et j'ai dit tout
10 bas : « Grand-Léon, écoute bien ! Je vais le faire pour toi. Pour TOI ! »

Premier nœud, deuxième nœud, ça allait. Troisième nœud, j'étais très fatigué. Quatrième nœud, cinquième nœud. C'était trop dur ! Mais
15 j'avais promis. Puis j'ai entendu les mecs de ma classe qui criaient fort :

– Vas-y, Dubosc !

– Du-bosc ! Du-bosc ! Du-bosc !

Ils me donnaient du courage, mais pas assez.
20 Il restait deux nœuds. J'ai *craché* dans une main puis dans l'autre. « Grand-Léon, je suis là, regarde ! Je t'envoie ma *force*. T'en as besoin. L'autre jour, tu m'as envoyé ton

il crache

| *la force* il faut beaucoup de force pour soulever un sac de 50 kg

savoir, et bien moi, je t'envoie tout ce que j'ai : ma *jeunesse,* mon courage, mes petits muscles. Prends-les ! »

J'avais très chaud.

5 « Allez ! Alllleez ! Allllllleeeeeez ! » criaient les élèves et la prof.

Dernier nœud. J'ai réussi ! Je pleurais et je riais. Je suis descendu et je suis presque tombé. Momo et Samuel m'ont pris dans leur bras. J'étais *crevé.*

10 À partir de ce jour-là, j'ai changé. Le soir, après les cours, les autres élèves regardaient la télé, mais moi, je marchais dans la nature et je respirais profondément et je disais : « Respire ce bon air, grand-Léon, c'est pour toi. Prends-le ! »

15 Un soir, ma mère a téléphoné.
- Les nouvelles ne sont pas bonnes, Grégoire.
- Il va mourir !

Je criais et je pleurais.

À partir de ce jour-là, j'ai arrêté les promenades 20 dans la nature. Je travaillais mal et je ne parlais presque plus. Dans ma tête, c'était comme s'il était déjà mort. Quand mes parents téléphonaient, je ne répondais pas.

---

le savoir une personne qui sait beaucoup de choses a un grand savoir
la jeunesse c'est quand on est jeune
crevé (-e) très fatigué

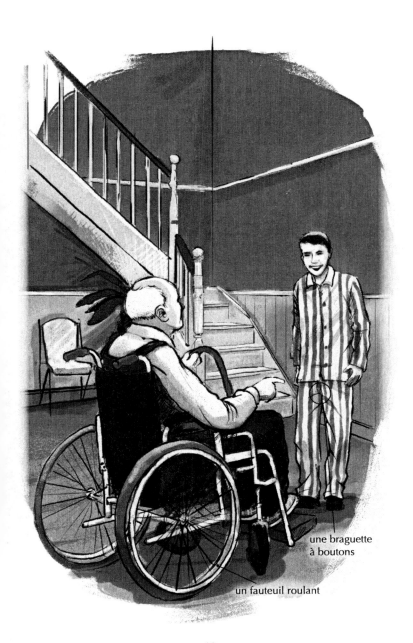

une braguette à boutons

un fauteuil roulant

Et puis, hier, un mec de *terminale* est venu me chercher dans mon lit.
   - Hé, hé, réveille toi !
   - Quoi ?
   - Hé, c'est toi, Toto ?
   - Oui, pourquoi ?
   - Parce qu'il y a un papy dans son *fauteuil roulant* qui dit qu'il veut voir son Toto... C'est toi, non ?

J'ai descendu très vite l'escalier et je pleurais comme un bébé. Grand-Léon était là devant moi et il souriait. Il a dit :
   - Ferme ta *braguette à boutons*, Toto. Tu vas prendre froid !

   Et là, j'ai souri.

---

la terminale voir « le système scolaire français »
un fauteuil roulant voir ill. p. 43
une braguette à boutons voir ill. p. 43

Le système scolaire français

L'école maternelle	la toute petite section ou TPS	2-3 ans
	La petite section ou PS	3-4 ans
	La moyenne section ou MS	4-5 ans
	La grande section ou GS	5-6 ans

L'école	Le cours préparatoire ou CP	6-7 ans
	Le cours élémentaire 1ère année ou CE1	7-8 ans
	Le cours élémentaire 2ème année ou CE2	8-9 ans
	Le cours moyen 1ère année ou CM1	9-10 ans
	Le cours moyen 2ème année ou CM2	10-11 ans

Le collège	La sixième	11-12 ans
	La cinquième	12-13 ans
	La quatrième	13-14 ans
	La troisième	14-15 ans

Le lycée	La seconde	15-16 ans
	La première	16-17 ans
	La terminale	17-18 ans

Questions

Chapitre 1
1. Est-ce que Grégoire est content d'aller à l'école la première fois ?
2. Pourquoi est-ce qu'il ne veut pas y retourner ?
3. Grégoire est en quelle classe maintenant ?
4. Qui est Marie ?
5. Pourquoi est-ce que Grégoire passe une bonne année en grande section de maternelle ?
6. Qui est madame Daret ? Grégoire l'aime bien ?

Chapitre 2
1. Est-ce que Grégoire va à l'école en vélo ?
2. Qu'est-ce qui se passe chaque matin avant d'aller à l'école ?
3. Qui aide Grégoire à faire ses devoirs ? Ça se passe bien ?
4. Qu'est-ce qu'il pense de ses parents ?
5. Décrivez la scène du cours de gymnastique.
6. Pourquoi est-il renvoyé ?

Chapitre 3
1. Qui est grand-Léon ?
2. Faites une description du cagibi.
3. Qu'est-ce que Grégoire fait dans le cagibi ?
4. Nommez des différences entre Grégoire et son grand-père.
5. Est-ce que grand-Léon est content quand Grégoire est renvoyé de son école ? Pourquoi ?

Chapitre 4
1. Quel est le plat préféré de Grégoire ? Vous le connaissez ?
2. Quels sont ses projets pour l'avenir ?
3. Qu'est-ce qu'il fait au mois de juillet ?
4. Pourquoi est-ce que Grégoire est inquiet ?
5. Qu'est-ce que M. Martineau donne à Grégoire ? Pourquoi ?

Chapitre 5
1. Est-ce que Grégoire passe de bonnes vacances en Bretagne ?
2. Il travaille beaucoup dans son nouveau collège ?

3. Ses parents prennent une décision. Laquelle ?
4. Est-ce que grand-Léon pense que c'est une bonne idée ?

Chapitre 6
1. Pourquoi est-ce que Grégoire veut aller au lycée de Grandchamps ?
2. Est-ce que c'est possible ?
3. Comment va Grégoire ? Il bricole beaucoup ? Pourquoi ?
4. Qu'est-ce que grand-Léon lui demande de faire ?
5. La mère de Grégoire a deux nouvelles. Lesquelles ?

Chapitre 7
1. Où est situé le lycée de Grandchamps ?
2. Comment sont les autres élèves ?
3. Est-ce que Grégoire est nerveux. Pourquoi ?
4. Comment se passe le test ? Raconte.

Chapitre 8
1. Comment sont les résultats de Grégoire en français, en dessin et en E.M.T. ?
2. Grégoire n'est pas heureux. Pourquoi ?
3. Décrivez la scène du cours d'E.P.S.
4. Qu'est-ce qui change dans sa vie après ce cours ?
5. Comment se termine l'histoire ?

Activité 1

- Grégoire n'est pas doué en français mais il est le premier en dessin et E.M.T. Faites une liste des matières que vous avez à l'école. Présentez éventuellement votre emploi du temps. Vous avez une matière préférée ? Si oui, laquelle et pourquoi ? Racontez.

- Faites une description de votre école. Où est-elle située ? Il y a combien d'élèves et combien de classes ? Comment est la cour de récréation ? C'est une école privée ou une école publique ? Racontez.

- Grégoire a adoré sa maîtresse Marie mais il a détesté Madame Daret. Quelles doivent être les qualités d'un professeur ?

- Grégoire rentre de l'école vers 16 heures. Racontez une journée typique dans votre école. Vous commencez et terminez à quelle heure ? Vous déjeunez à la cantine ? Vous avez combien de récréations ?

- Le lycée de Grandchamps est une pension. Êtes-vous vous-même pensionnaire ? Qu'est-ce que vous pensez de ce genre d'écoles ?

- Grégoire n'aime pas le collège Jean Moulin. Il préfère le lycée de Grandchamps. Selon vous, comment est l'école idéale ? Racontez.

Activité 2

- Grégoire va en vacances en Bretagne. Mettez-vous deux par deux et cherchez des informations sur cette région de France. Répondez aux questions ci-dessous et faites éventuellement une présentation powerpoint avec des photos.

Où est-elle située ?
Elle est composée de quatre départements. Lesquels ?
Il y a combien d'habitants ?
Comment s'appelle la capitale régionale ?
Où est-elle située ?
Comment s'appellent les autres grandes villes ? Où sont-elles situées ?
Comment est le paysage et le climat ?
Comment est le drapeau breton ?
On parle quelles langues en Bretagne ?
Les galettes bretonnes, le far breton, qu'est-ce que c'est ?
Un fest-noz, qu'est-ce que c'est ?
Quelles sont les plus importantes productions économiques ?

- Grégoire va passer les vacances de la Toussaint à Orléans et l'école de Grandchamps est situé à Valence. Mettez-vous deux par deux et trouvez des informations sur ces deux villes. Présentez vos résultats à la classe.

Trouvez d'autres activités sur :
www.easyreaders.eu

EASY READERS *Danemark*
ERNST KLETT SPRACHEN *Allemagne*
ARCOBALENO *Espagne*
LIBER *Suède*
EMC CORP. *États-Unis*
PRACTICUM EDUCATIEF BV. *Hollande*
EUROPEAN SCHOOLBOOKS PUBLISHING LTD. *Royaume-Uni*
WYDAWNICTWO LEKTORKLETT *Pologne*
KLETT KIADO KFT. *Hongrie*
NÜANS PUBLISHING *Turquie*
ALLECTO LTD. *Estonie*

Un EASY READER a été abrégé et simplifié pour en faire
une lecture à la portée des étudiants en français.
Les structures et les mots et expressions employés sont
parmi les plus courants de la langue française.
Les mots peu usuels ou difficiles à comprendre sont
expliqués par des dessins ou des notes.
Voir la liste des ouvrages parus en page 53.
Pour vos études ... pour votre plaisir ...
Perfectionnez votre français ... grâce à EASY READERS.
Les EASY READERS sont également en vente en allemand,
anglais, espagnol, italien et russe.

TITRES DÉJÀ PARUS :
Alphonse Daudet: Lettres de mon moulin (A)
Maurice Druon: Tistou - Les pouces verts (A)
Anatole France: Le livre de mon ami (A)
Julien Green: Christine - Léviathan (A)
Jules Renard: Poil de carotte (A)
Georges Simenon: La rue aux trois poussins (A)
Jules Supervielle: Le voleur d'enfants (A)
Alain-Fournier: Le grand Meaulnes (B)
David Bisson: L'enfant derrière la porte (B)
Pierre Boulle: La planète des singes (B)
Évelyne Brisou-Pellen: Un si terrible secret (B)
Marie Cardinal: La clé sur la porte (B)
Jean Cocteau: Les enfants terribles (B)
Jean-Marie Defossez: Pour tout l'or du monde (B)
Marguerite Duras: Hiroshima mon amour (B)
Christian Grenier: Urgence (B)
Gudule: La vie à reculons (B)
Yaël Hassan: De l'autre côté du mur (B)
Maurice Leblanc: Arsène Lupin gentleman-cambrioleur (B)
Hector Malot: Sans famille (B)
Hervé Mestron: Le mystère Primrose (B)
Ollivier & Clarinard: E-den (B)
Fred Paronuzzi: Un cargo pour Berlin (B)
Raymond Radiguet: Le diable au corps (B)
Christiane Rochefort: Les petits enfants du siècle (B)
Georges Simenon: Enigmes (B)
Georges Simenon: Maigret et le clochard (B)
Georges Simenon: Maigret et le fantôme (B)
Dominique Torres: Tu es libre ! (B)
Jules Verne: Le tour du monde en 80 jours (B)
Anne-Laure Bondoux: Le temps des miracles (C)
Anne-Laure Bondoux: Les larmes de l'assassin (C)
Marie Cardinal: La souricière (C)
Isabelle Chaillou: Le dernier défi (C)
Régine Deforges: La bicyclette bleue (C)
Alexandre Dumas: Les trois mousquetaires (C)
Romain Gary (Emile Ajar): La vie devant soi (C)
Guy de Maupassant: Contes du jour et de la nuit (C)
Marcel Pagnol: Le château de ma mère (C)
Marcel Pagnol: Jean de Florette (C)
Marcel Pagnol: Manon des sources (C)
Françoise Sagan: Musiques de scènes (C)
Jean-Paul Sartre: Le mur (C)
Emile Zola: Trois nouvelles (C)
Honoré de Balzac: Le père Goriot (D)
Henri Charrière: Papillon (D)
Guy de Maupassant: Mon oncle Jules et autres nouvelles (D)
Boris Vian: L'écume des jours (D)

Pour cause de droits d'auteur quelques-uns des titres susmentionnés ne sont pas en vente dans tous les pays participants. Prière de consulter le catalogue de votre éditeur local.